LES

ÉLECTIONS DE 1869

DANS UNE MONTAGNE DU LYONNAIS

OU

CONSEILS D'UN LABOUREUR

PAR UN PHILOSOPHE

❧⸺❧

Prix : 50 Centimes

❧⸺❧

EN VENTE

CHEZ LES PRINCIPAUX LIBRAIRES DE LYON

———

LYON. — IMPRIMERIE DU SALUT PUBLIC
Bellon, rue Impériale, 33.

1869

LES

ÉLECTIONS DE 1869

DANS UNE MONTAGNE DU LYONNAIS

ou

CONSEILS D'UN LABOUREUR

PAR UN PHILOSOPHE

Prix : 50 Centimes

EN VENTE

CHEZ LES PRINCIPAUX LIBRAIRES DE LYON

LYON. — IMPRIMERIE DU SALUT PUBLIC
Bellon, rue Impériale, 33.

1869

LA VEILLE DU SCRUTIN

A peine est-il midi, que déjà le village
S'agite et se remue. Un laboureur actif
Paraît seul étranger à tout ce grand tapage ;
Auprès de sa charrue, avec sa branche d'if,
Il chatouille ses bœufs, il s'en va vers la plaine,
Ne pensant qu'au bonheur que donne le travail ;
Car, lorsqu'après un jour de labeur et de peine,
Il revient à la ferme, il soigne son bétail.

Embrasse Jeanneton, caresse sa fillette,
Et son fils le plus jeune, à cheval sur son bras,
Le couvre de baisers;... chaque soir quelle fête!...
Aussi, tout le canton estime Nicolas!
Son nom est bien connu dans toute la montagne;...
Son bon sens plaît à tous. Tel est donc le Nestor,
Ce sage du hameau, qu'en la verte campagne
On voit s'acheminer, très-satisfait du sort.
Il siffle la chanson qui donne du courage,
Bientôt il disparaît à travers le feuillage ;
Il vient déjà d'atteindre au tournant d'un sentier,
Lorsqu'il découvre au loin, et croit voir s'avancer,
A l'ardeur du soleil, des hommes dont le nombre
L'étonne grandement. Il s'arrête dans l'ombre
Pour mieux les observer. Il distingue des voix,
Et l'appel de son nom retentit dans les bois.
Il ne se trompe point, il vient de reconnaître
Ses plus proches voisins, — bientôt ils vont paraître ;
Comme ils pressent le pas, — comme ils sont agités!...
Ils semblent chuchoter en divers comités!...
On dirait à les voir en cet état fébrile,
Qu'ils sont à comploter quelque projet hostile.

. . . .

Enfin nous vous trouvons, dit le meunier Dumas,
Et pourquoi donc à nous ne vous joignez-vous pas?
Pourtant, sans vous, ami, nous ne voulons rien faire ;
Il nous faut vos conseils dans cette grave affaire.

— Voyons, dit Nicolas, trève à tout compliment,
Arrivez vite au but, et parlons sensément.

— Eh bien, reprit l'un d'eux, nous nous creusons la tète
Pour faire un heureux choix au vote qu'on projette,
Car c'est demain qu'a lieu le vote universel,
Et c'est, vous le savez, un acte solennel!!!

— Quoi! c'est cela, voisins, qui trouble vos cervelles?
Ma foi, pour moi, ce sont de pures bagatelles!
J'aime trop mon repos pour vouloir m'occuper
De sujets sur lesquels je ne puis discuter.
Laissons un tel souci, croyez-moi, c'est fort sage,
A d'autres, mieux qu'à nous, il échoit en partage.

— Pourtant, lui dit Thomas (ce très-dévot fermier),
De vous adjoindre à nous je veux vous supplier.

Voter *est un devoir*. Tout chrétien, honnête homme,
Ne peut s'en dispenser. Cet ordre vient de Rome!!!
Des Rouges, des Pillards, il faut nous préserver!
Ces suppôts de Satan veulent tout renverser.
Notre curé l'a dit, soit au prône, à confesse,
Recommandant son choix d'une manière expresse :
C'est Perras qu'il nous faut, c'est un homme de bien!...
Il est de notre Eglise un des zélés soutien!!...
Et, ce matin encore, en m'embrassant, ma femme
M'a dit : Nomme Perras, *il y va de ton âme!*
Car le curé le veut, il l'a fort bien prêché,
Il faut voter pour lui, sous peine de péché.
Enfin, un dernier mot, et ma tâche est remplie,
Votons tous pour Perras, *et sauvons la patrie.*

. . . .

Bravo, mon cher ami, s'écria le facteur,
A vous je vais me joindre, et le fais de grand cœur.
Hippolyte Perras mérite nos suffrages;
Il a sur la contrée écrit de belles pages.
Jamais il n'a changé, jamais démérité,
Dans le sens du pouvoir il a toujours voté;

Aussi, mes bons amis, le ministre l'honore ;
Pour le récompenser, il le présente encore...
Il est là, parmi nous, il vient nous visiter ;
Sa présence est un bien, sachons donc le fêter!
Nos besoins sont urgents, il veut les satisfaire ;
Il promet au canton un avenir prospère ;
Il s'inquiète de tout, il veut tout observer.
Notre église est en ruine, il doit la relever !
Notre bonne Madone était tout écloppée,
Il rapporte avec lui sa jambe réparée.
Il nous faut un sentier, il promet un chemin
Et très-obligeamment le trace de la main
Sa parole est un acte, et personne n'en doute,
Et, si, pour arriver à vous donner la route,
Une maison le gêne, entrave son projet,
C'est un simple détail, il s'adresse au budget.
Pour atteindre son but, il n'est aucun obstacle,
On l'écoute au pays comme un divin oracle.

— « Oracle, si l'on veut, dit un loustic barbier,
A Tarare, allez voir si l'on doit s'y fier !

On vous dira partout que sa *belle fontaine*
Est un grand monument, mais que l'eau coule à peine.
De là ce gai refrain : allez à l'*Opéra*
Pour vous désaltérer..., et Dieu vous bénira !

. . . .

Claveau, garde-champêtre, gravement se présente :
Accordez-moi, messieurs,. un seul instant d'attente ;
Soyons donc plus sérieux, laissons ces jeux de mots,
Qui sont, vous le savez, le seul esprit des sots :
Occupons-nous surtout de l'importante affaire
Que doit trancher demain le vote populaire.
Votre route est tracée, il n'en faut pas sortir,
Aux hommes du pouvoir il faut vous réunir.

. . . .

— C'est bien, reprit Thomas, l'Esprit saint vous éclaire.
Perras sera pour nous un ange tutélaire.

. . . .

Tous ces Républicains sont des mangeurs de loups,
Qui voudraient nous piller, être maîtres chez nous.

On les a vus à l'œuvre, on connaît leurs doctrines,
Leur appétit vorace et leurs tristes maximes.
Ce sont tous des Mandrins, ce ne sont que des gueux.
Tremblez, amis, tremblez, ce sont des Partageux.
Hier, dans son sermon, notre jeune vicaire
Nous a dépeint les maux qui menacent la terre,
Si nous ne secondions ce choix officiel,
Nous verrions abolir le pouvoir temporel ;
Et, la religion, venant à disparaître,
Quel désordre effrayant ne verrions-nous pas naître !...
Mille fléaux bientôt viendraient nous visiter,
Tous les maux à la fois pourraient nous accabler !...
Conjurons donc le ciel, mettons-nous en prière,
Et votons sagement *comme monsieur le Maire.*

.   .   .   .

. . . Permettez, mes amis, dit Jacquot, vigneron,
Permettez que j'émette une autre opinion !...
Je vais, du sieur Thomas combattre les idées ;
Je suis jeune, il est vrai ; mais de bonnes pensées
Ont su toucher mon cœur !... mon cœur est tout à vous !
Vous me connaissez bien !... n'agissez pas en fous.

— Ecoutez! Hier au soir, en sortant du village,
Deux messieurs fort bien mis, dans un brillant langage,
M'ont parlé tous les deux!... Ils connaissent vos maux,
Ils veulent les guérir!... Voici donc leurs propos :
« Il est temps, sachez bien, de sortir de l'ornière!!
Ouvrez donc, m'ont-ils dit, les yeux à la lumière!!!
Qui récolte le fruit de toutes vos sueurs?
Pour qui sont vos impôts? Sans pitié pour vos cœurs,
L'État prend vos enfants, de leur sang qu'il prodigue
Il enrichit sa gloire, ou repousse une ligue.
Sur ces cruels abus il faut vous révolter!!!
Vous pliez sous le joug, n'osant le secouer,
Exploités, jusqu'ici, comme une race brute,
A de récentes lois, vous vous trouvez en butte.
Voici venir à vous des hommes généreux,
Nobles cœurs, dévoués, voulant vous rendre heureux.
Venez tous vous ranger sous leur noble bannière,
Et sous peu vous verrez luire enfin une autre ère!
La liberté pour l'homme est le plus grand trésor!!!
Elle élève son âme à son sublime essor!!!
On vit heureux et riche en vivant avec elle!!
Elle seule embellit l'existence mortelle!!!

Votez donc, mes amis, courrez vers le scrutin,
Pour Bancel, Esquiros! Ce choix républicain
Dans tout le Lyonnais a conquis les suffrages.
Mais, à Lyon surtout, c'est le sage des sages,
Un digne vétéran, c'est l'illustre Raspail
Qui revient de l'exil! *C'est le droit au travail*
Que le peuple a choisi! le peuple le vénère;
Il paraît rallier presque la ville entière;
Son nom est acclamé, par tous il est porté.
Vive ce défenseur de notre liberté!!...

.   .   .   .

.   .   .   .

— Jacquot, vous êtes jeune, et j'excuse votre âge,
Riposte Bagnolet, forgeron du village,
— Amis, écoutez-moi, car je veux à mon tour
Vous dessiller les yeux, vous parler sans détour.
Je vais, sans m'enflammer, sans me monter la tête,
Faire toucher du doigt le mal qui vous inquiète.
Vous vous laissez séduire aux discours mensongers
De tous ces Jacobins, intrigants étrangers.

J'ai déjà bien vécu, toujours mêmes problèmes,
Toujours mêmes chansons; qu'y gagnons-nous nous-mêmes?
Des discours exaltés, de grands mots bien ronflants,
Qui renaissent toujours, et... toujours renversants!
Ils flattent votre esprit, ils vous parlent de gloire,
De bonheur, de patrie,... affreuse balançoire!!...
De ces beaux discoureurs il faut vous méfier,
Et puis aux modérés savoir vous rallier.
Hier au soir, notre adjoint, dans un colloque intime,
M'a dévoilé son plan, je le trouve sublime!...
Repoussons, m'a-t-il dit, tous ces ambitieux;
Arrêtons notre choix sur des gens vertueux,
Des hommes bien pensants, que tout le monde honore,
Et que chacun connaît; écoutez bien encore :
Les Rouges nous font peur, agissons prudemment;
Il nous faut avant tout un homme indépendant,
Un libéral honnête, ayant de l'énergie,
Et pouvant résister à la démagogie;
Comme aussi pouvant dire, au sein du parlement,
Je vote contre vous, quoique gouvernement.
Mon mandat est sacré, moi seul je l'interprète;
Je n'y faillirai pas, j'en réponds sur ma tête.

Je puis bien m'égarer, je puis bien faire erreur,
Mais, du moins, je serai toujours homme d'honneur.
— Voyez-vous, Bagnolet, c'est une rude affaire
Que de trouver un homme, un homme pour bien faire;
Cependant, il le faut; cet homme, le voici :
Son nom..., c'est Jules Favre! on le présente ici.
Celui-là, j'en réponds, chez lui pas de faiblesse.
Il n'est pas radical; sa voix jamais ne cesse
De lutter pour le bien! Un tel représentant
Est l'homme qu'il nous faut! Ainsi donc, maintenant,
Vous savez, comme moi, le fond de ma pensée
Divulguez-la partout, faites-en votre idée,
Et surtout dites bien à vos nombreux amis,
Que le vote est forcé, que le maire a remis
Des bulletins pour tous, que pas un ne s'abstienne !
Voter est un devoir, que chacun le comprenne !

. . . .

« — Vraiment, dit Nicolas! vous devenez tous fous!
Car, plus je vous écoute, et plus je ris de vous.
Eh! qu'espérez-vous donc de ces noms étrangers
Et de tous vos Perras, souteneurs de clochers?

Vivons plutôt en paix, dans nos foyers tranquilles,
Sans trop nous alarmer du bruit lointain des villes.
D'ailleurs, que ferions-nous de vos Rhinocéros,
De tous vos Balancel? Dieu! quel affreux pathos
Me débitez-vous là? Pourtant, de préférence,
Si j'avais à choisir, oui, par reconnaissance,
Franchement, j'en conviens, je nommerais Raspail.
Ce grand vétérinaire a sauvé mon bétail!
Je n'oublirai jamais que son eau sédative
A guéri ma jument d'un chancre à la gencive.
Assez, mes bons amis, assez, et calmez-vous!
Notre Empereur est grand, *il fera bien sans nous.*
Si cependant je dois, pour tous vous satisfaire,
Voter absolument..., le seul qui peut me plaire,
Faut-il vous le nommer? Ce n'est point un hableur...
Donnant ce qu'il promet. il n'est jamais trompeur.
Celui-là, c'est mon bœuf; c'est pour lui que je vote,
Et, je le garde en dot, pour ma fille Charlotte.

. . . .

Amis, à votre tour, vous riez de mon choix;
Mais, raillerie à part, à qui donner ma voix?

Le vote universel est une belle chose.

Il exige, avant tout, connaissance de cause.

Est-ce à nous, dites-moi, campagnards ignorants,

D'oser, comme électeurs, nous mettre sur les rangs?

Oui, si l'instruction doit être un avantage,

Espérons que bientôt vous l'aurez en partage.

Tant que d'un tel bienfait vous ne pourrez jouir,

Croyez-moi, prudemment, il faut vous abstenir.

L'influence sur nous est si pernicieuse,

Que le vote devient une arme dangereuse!

Je suis déjà bien vieux, et la mort, de mes jours

Viendra bientôt, hélas! interrompre le cours.

A vous, jeunes amis, de nourrir l'espérance

De voir le peuple instruit dans toute notre France!

Tel est le vœu bien vrai d'un pauvre laboureur,

Qui chérit sa patrie et veut votre bonheur.

ADRIEN B.....

Lyon. — Impr. du *Salut Public.* — BELLON, rue Impériale, 33.

www.ingramcontent.com/pod-product-compliance
Lightning Source LLC
Chambersburg PA
CBHW060735280326
41933CB00013B/2651